BEI GRIN MACHT SICH IHR WISSEN BEZAHLT

- Wir veröffentlichen Ihre Hausarbeit, Bachelor- und Masterarbeit

- Ihr eigenes eBook und Buch - weltweit in allen wichtigen Shops

- Verdienen Sie an jedem Verkauf

Jetzt bei www.GRIN.com hochladen und kostenlos publizieren

GRIN ☺

Bibliografische Information der Deutschen Nationalbibliothek:

Die Deutsche Bibliothek verzeichnet diese Publikation in der Deutschen National-bibliografie; detaillierte bibliografische Daten sind im Internet über http://dnb.d-nb.de/ abrufbar.

Impressum:

Copyright © 2019 GRIN Verlag
Druck und Bindung: Books on Demand GmbH, Norderstedt Germany
ISBN: 9783346133700

Dieses Buch bei GRIN:

https://www.grin.com/document/515098

Anonym

Das Thema Argumentation im Deutschunterricht der 6. Klasse. Planung einer Unterrichtsstunde sowie Analyse schwieriger Alltagssituationen in der Vorbereitung und Durchführung

GRIN Verlag

GRIN - Your knowledge has value

Der GRIN Verlag publiziert seit 1998 wissenschaftliche Arbeiten von Studenten, Hochschullehrern und anderen Akademikern als eBook und gedrucktes Buch. Die Verlagswebsite www.grin.com ist die ideale Plattform zur Veröffentlichung von Hausarbeiten, Abschlussarbeiten, wissenschaftlichen Aufsätzen, Dissertationen und Fachbüchern.

Besuchen Sie uns im Internet:

http://www.grin.com/

http://www.facebook.com/grincom

http://www.twitter.com/grin_com

Inhaltsverzeichnis

1. Einleitung

Der folgende Forschungsbericht im Fach Deutsch wurde im Rahmen des Praxissemesters im Wintersemester 2018/19 angefertigt und bezieht sich auf den Zeitraum vom 10.09.2018 bis zum 01.02.2019 an einer Gesamtschule in Witten. Er zielt damit perspektivisch auf die in den Rahmenbedingungen festgelegten Intentionen der Praxisphase „theoriegeleitete Erkundungen im Handlungsfeld Schule zu planen, durchzuführen und auszuwerten sowie [darauf] aus Erfahrungen in der Praxis Fragestellungen an Theorien zu entwickeln".[1] Im Rahmen dieser Vorgaben zielt dieser Forschungsbericht dabei auf die Analyse der Vorbereitung und Durchführung einer exemplarischen Alltagssituationen im Deutschunterricht, sowie der ausführlichen Auswertung der universitären Vorbereitung. Es wird hierbei im Sinne einer kritischen Selbstreflexion der Fragestellung nachgegangen, welchen Stellenwert das Bochumer Lehrangebot und das eigene Studierverhalten für die Vorbereitung und Durchführung eigener Unterrichtselemente im Praxissemester hatte.

Zunächst werden dabei die konzeptionellen Grundlagen des in dieser Arbeit erfolgenden Reflexionsprozess dargelegt, indem Indikatoren der Evaluationsforschung im Hinblick auf die Fragestellung dargestellt und operationalisiert werden. Daran schließt sich dann die Vorstellung und reflexive Analyse der problematischen Aspekte einer unterrichtlichen Alltagssituation an. Der Frage nach Ursachen für die hier aufgezeigten Problematiken wird im darauffolgenden Kapitel beleuchtet, indem mein eigener Werdegang durch das curriculare Lehrangebot der Ruhr-Universität Bochum selbstkritisch beleuchtet und evaluiert wird. Auf Basis dieses Reflexionsprozesses wird die Arbeit abschließend im Sinne der Fragestellung zu einem Fazit über den fünfmonatigen Praxisblock geführt. Die Arbeit wird hierbei nicht zuletzt als wichtigen Beitrag zum selbstkritischen Umgang angesehen, der besonders für den zeitnah anzutretenden Vorbereitungsdienst und darüber hinaus generell im Berufszweig Lehramt essentiell wichtig ist.

Die eigene Erfahrungen in der Schule haben mir aufgezeigt, wie wichtig es ist, die Fähigkeit zur Selbstkritik zu pflegen. Unter allen Lehrkräften der vergangenen Schullaufbahn verblieben nämlich vor allem ebensolche in positiver Erinnerung, welche ihren Unterricht sowohl mit spürbarer Begeisterung für das Fach, als auch schülerzentriert gestalteten.

---

1 Die Verfahrensordnung Praxissemester an der Ruhr-Universität Bochum, RUB 2014, S. 1.

Nicht zuletzt auf Grund von guten Lehrern, entschied ich mich daher selbst bereits zu Oberstufenzeiten für das Berufsziel des Lehrers, welches ich unbedingt in meinen schon immer bevorzugten Fächern Deutsch und Geschichte anstreben wollte. Neben der Aufgabe Fachwissen zu vermitteln begeisterte mich jedoch auch die Vorstellung, dass Lehrkräfte auch immer zeitgleich Erzieher, Sozialarbeiter und kreative Gestalter sein müssen. Besonders im eigenen Unterricht kann man sachgemäß kreativ und abwechslungsreich arbeiten, was von Schülerinnen und Schülern durchaus auch durch Lernerfolge und positives Feedback belohnt wird. Schließlich kann bei Schülerinnen und Schülern hierbei auch eine positive Haltung zum Fach erwirtschaftet werden, wenn man entsprechenden Umgang vorlebt. Die ohnehin vorhandene Begeisterung für Literatur zu historischen Themen führte mich während des Studiums auch im Fach Germanistik in den mediävistisch-literarischen Bereich, den ich über mein ganzes Studium hinweg als persönliches „Steckenpferd" bezeichnen möchte. Auf die Dominanz der Wahl entsprechender Kurse in den von mir belegten Modulen wird jedoch an späterer Stelle noch kritisch eingegangen. Insgesamt erhoffte ich mir von meinem Studium jedenfalls einen umfassenden Theoriefundus, der schließlich als Fundament in reale Praxiserfahrungen mündet.

2. Konzeptuelle Grundlagen von Reflexion und Selbstreflexion

Im Hinblick auf die konzeptionellen Grundlagen dieser Arbeit ist es wichtig, sich die Prämissen der Evaluationsforschung genaustens zu vergegenwärtigen, da der hier evaluierte Gegenstand auf Grundlage der Beobachtungen und Eindrücke eines einzigen Studierenden stattfindet, der sich – einerseits als Evaluator und andererseits aber auch als Durchführender der zu evaluierenden Tätigkeit – in einer doppelt besetzten Rolle findet.[2] Umso wichtiger ist ein entsprechend objektiver und selbstkritischer Umgang, sowie die Beachtung grundlegender, forschungsgestützter Evaluationskriterien, die für den Evaluationsprozess dieser Arbeit operationalisiert werden. Die wichtigsten theoretischen Prämissen dieser Arbeit sollen daher im Folgenden zunächst skizziert werden, wobei zu beachten ist, dass sich diese Arbeit vor allem an den Begriffen der Evaluation und Selbstevaluation in vornehmlich pädagogischen Kontexten orientiert, die zumeist der personalen Qualitätssicherung in solchen Einrichtungen dienen. Grundsätzliche Arbeitskriterien lassen sich jedoch im Hinblick auf die Fragestellung dieser Arbeit entsprechend abstrahieren.

---

2 Beywl, Wolfgang: Selbstevaluation in der Lehre. Ein Wegweiser für sichtbares Lernen und besseres Lehren, Münster [u.a.] 2011, S. 18.

In der Forschung gilt der Prozess der Evaluation als eine Multidiszeplin, die sich auf psychologische, erziehungswissenschaftliche, soziologische und viele weitere Wissenschaftsbereiche erstreckt. Die Evaluatoren sehen sich dabei als neutrale Personen, die möglichst objektiv die Wirkung eines Untersuchungsgegenstandes aufzeigen, wobei sie sich stets auf konkrete Fragestellungen oder Probleme beziehen.[3] Um eine solche möglichst neutrale Haltung gewährleisten zu können sind daher grundlegende Leitprinzipien obligatorisch. Ebeling (2010) nennt für die Evaluation in pädagogischen Einrichtungen hier vier obligatorische Kategorien der empirischen Sozialforschung, die bei Evaluationen in pädagogischen Einrichtungen beachtet werden sollen: Objektivität, Reliabilität, Validität seien ebenso wichtig, wie die Transparenz darüber, auf welcher Grundlage der Dokumentation die Evaluation stattfinde.[4]

Das Format dieser Arbeit suggeriert bereits, dass sich der Evaluationsprozess hier in Bezug auf jene Prinzipien in erster Linie auf Aspekte der Objektivität und Transparenz beschränken muss, da weder zusätzlichen Erhebungen im Sinne kontinuierlicher Evaluationen, wie sie in pädagogischen Einrichtungen erfolgen sollen, vorgenommen werden, noch Bezug auf Selbstevaluationsberichte anderer Studierender genommen wird. Der Aspekt der Transparenz äußert sich insofern, als dass die Evaluation nicht auf spontanen, retrospektiv vorgenommenen Erinnerungen basiert, sondern auf konkreten schriftliche Aufzeichnungen, wie das Portfolio Praxiselemente, welches im Sinne des Lehrerausbildungsgesetzes seit Beginn der Aufnahme des Studiums geführt worden ist, sowie Notizen und Aufzeichnungen aus besuchten Veranstaltungen. Diese Aufzeichnungen werden gemäß der Datenschutzbestimmungen zur Portfolioarbeit in der Lehrerausbildung privat gehalten, dienen jedoch hier als wichtigste Auswertungsgrundlage, mit der objektiv und gegenstandszentriert transparent gearbeitet wird. Außerdem wurde im Hinblick dieses Forschungsberichtes zusätzlich zum geführten Portfolio – wie vom betreuenden Dozenten nahegelegt – über den gesamten Praxisblock hinweg ein ergänzendes Tagebuch geführt, bei dem alle für die Selbstreflexion relevante Erlebnisse dokumentiert worden sind. Zudem wird im Kontext des Folgekapitels, bei dem es um die Evaluation einer konkreten, problembehafteten Unterrichtssituation gehen wird, auch auf schriftlich notierte Feedback des betreuenden Fachlehrers

---

3 Ebeling, Marianne [u.a.]: Definition von Evaluation, in: Matthias von Saldern [u.a.]: Selbstevaluation von Schule: Hintergrund - Durchführung – Kritik, Norderstedt 2010, S. 33-50, S. 35.
4 Ebd., S. 36.

eingegangen. In diesem Zusammenhang erfolgt also gewissermaßen auch in prägnanter Form etwas, was in der Forschung unter den Begriffen der Fremd- oder Meta-Evaluation bezeichnet wird. Diese erfolgt im Sinne der Forschung im besagten Kapitel knapp in Form einer „Bewertung einer zuvor durchgeführten Evaluation, welche auf einer höheren Ebene und zudem zeitlich versetzt [...]" stattfindet.[5]

Neben bereits erwähnten Gütekriterien definiert die Evaluationsforschung Standards, die bei Reflexionen zum Zweck der Qualitätssicherung ebenfalls zu beachten seien. Den Nützlichkeitsstandard, nach dem Evaluationen Informationen hervorbringen sollen, die den Bedürfnissen der Adressaten entsprechen und ihnen bei der Bewertung bzw. Verbesserung des Evaluationsgegenstandes helfen; den Durchführbarkeitsstandard, nach dem Evaluationen auf den realen Bedingungen basieren sollen und den Erfordernissen entsprechend umgesetzt werden, wo jedoch auch der Aufwand der Evaluation in einem adäquaten Verhältnis zum intendierten Nutzen der Evaluation steht; den Fairnessstandard, nach dem Evaluationen im Hinblick auf den Schutz von Persönlichkeiten durchgeführt werden sollen.

Insgesamt kristallisiert sich als *communis opinio* der Forschung heraus, dass die Multidiszplin der Evaluationsforschung immer auf konkreten, zuvor festgelegten Qualitätskriterien basieren muss, um sie von subjektiven, unreflektierten Eindrücken abzugrenzen.[6] Die hier benannten allgemeinen Standards der Evaluation gelten – wenn auch in kleineren Maßstäben – auch für Selbstevaluationen, welche das scheinbar basale Ziel der „Selbsterkenntnis, als die Erkenntnis einer Person über ihr eigenes Selbst" verfolgen. Ein solcher Erkenntnisprozess setze – nach Gahleitner (2014) – immer das Vorhandensein eines Selbst-Bewusstseins, aber auch eine kritische Selbstbeobachtung, sowie eine Korrespondenz mit anderen Evaluationen voraus.[7]

Auch wenn jene Korrespondenz wohl erst im Hinblick auf die Veröffentlichung der Studie, an der diese Arbeit produktiv mitzuwirken versucht, hergestellt werden mag, so wird die Selbstreflexion nach bestem Wissen kritisch, objektiv und transparent erfolgen. Da das Ziel der Reflexion sich ohnehin – wie bereits in der Einleitung dargelegt – in der Verfahrensordnung des Praxissemesters wiederfindet, eine

---

5   Ebeling, Marianne [u.a.]: Definition von Evaluation, in: Matthias von Saldern [u.a.]: Selbstevaluation von Schule: Hintergrund - Durchführung – Kritik, Norderstedt 2010, S. 33-50, S. 43.
6   Bortz, Jürgen: Forschungsmethoden und Evaluation für Human- und Sozialwissenschaftler (Springer-Lehrbuch), [u.a.] Berlin⁴ 2006, S. 95f.
7   Gahleitner, Silke Birgitta: Einleitung, in: Silke Birgitta Gahleitner (Hg.): Wann sind wir gut genug? Selbstreflexion, Selbsterfahrung und Selbstsorge in Psychotherapie, Beratung und Supervision, Weinheim [u.a.] 2014, S. 7-17, S. 7.

selbstkritische Auseinandersetzung ohnehin wichtige Weichen im Hinblick auf die Lehrerausbildung stellt und das Mitwirken an diesem Forschungsprojekt als Beitrag zur Qualitätsverbesserung in der Lehrerausbildung an der Ruhr-Universität Bochum verstanden wird, liegt es im Eigeninteresse des Evaluierenden selbst, sich unverfälscht und authentisch zu evaluieren, und im Sinne der Forschung verantwortlich mit dem Evaluationsgegenstand umzugehen, um schließlich dazu beizutragen, effektives Studieren für sich selbst und andere zu ermöglichen.[8]

Die Steigerung der eigenen Effizienz durch Evaluationen ist auch im Hinblick auf die zeitnah anstehende Lehrer-Ausbildung meiner eigenen Person wünschenswert. So sei schließlich die *personal mastery* nach von Saldern (2010) eine der wichtigsten Fähigkeiten bei der Arbeit in der Schule, die als „Fähigkeit zur Selbstbeobachtung im Lehrerberuf von grundlegender Bedeutung für den Beruf" sei, da – diesem Bestreben folgend – die eigene Lehrerpersönlichkeit „als Lernaufgabe" verstanden werde.[9] Dies sei besonders für Berufseinsteiger, aber auch für ausgebildete Lehrer deshalb so wichtig, weil Lehrende hierbei ihre eigene Qualifizierung und Innovationsbereitschaft sicherstellen und ihre schulische Arbeit kontinuierlich vor sich selbst legitimieren können.[10] Von Saldern (2010) betont jedoch explizit, dass es bei einem solchen Reflexionsprozess kein Standardvorgehen gebe. Dieses müsse stattdessen explizit auf die jeweilige selbstevaluative Fragestellung zugeschnitten werden.[11]

Im Folgenden wird daher – im Sinne der Fragestellung dieser Arbeit und unter Berücksichtigung der erwähnten Prämissen aus der Evaluationsforschung – jenes eigens festgelegte Vorgehen, welches in der Einleitung vorgestellt wurde, eingehalten, indem zunächst eine exemplarischen Unterrichtssituation beleuchtet wird, die sich auf Grund des frühen Zeitpunktes im Praktikum besonders gut mit eben jener Fragestellung vereinbaren lässt.

---

8 Beywl, Wolfgang: Selbstevaluation in der Lehre. Ein Wegweiser für sichtbares Lernen und besseres Lehren, Münster [u.a.] 2011, S. 23.
9 Saldern von, Mattihas [u.a.]: Warum Selbstevaluation?, in: Matthias von Saldern [u.a.]: Selbstevaluation von Schule: Hintergrund - Durchführung – Kritik, Norderstedt 2010, S. 17-32, S. 18f.
10 Ebd., S. 16.
11 Ebd., S. 18.

3. Beschreibung und Reflexion einer konkreten Unterrichtssituation

Im Rahmen des Praxissemester der Ruhr-Universität Bochum verpflichtet man sich als Studierender vertraglich, eigenständige Unterrichtselemente im Rahmen von fünfzig bis siebzig Unterrichtsstunden zu übernehmen, die über den fünfmonatigen Praxisblock hinweg geleistet werden sollen. Unterrichtssequenzen, wie beispielsweise eine Einstiegsphase durch einen Bildimpuls, werden hierbei ebenso mitgezählt, wie ganze Schulstunden. Bei der hier vorgestellten Unterrichtsstunde handelt es sich jedoch nicht um eine einzelne Unterrichtssequenz, sondern um die erste, ganzheitlich-eigenständig geplante und durchgeführte Unterrichtsstunde im Fach Deutsch, die sich nach meinem Dafürhalten auf Grund des frühen Zeitpunktes im Praktikum, sowie der geringen fachlichen Routine der Lehrtätigkeit im Klassenzimmer besonders gut dazu eignet, exemplarisch problematische Begebenheiten zwischen Theorie und Praxis des Bochumer Lehramtsstudiums aufzuzeigen.

Die hier vorgestellte Unterrichtssituation wurde in einer sechsten Klasse durchgeführt, die eine allgemeine, gesamtschultypische Heterogenität der Schülerschaft aufwies. Nach einigen Hospitationsstunden und wenigen erledigten Unterrichtssequenzen wollte ich die mir hier erstmals von der Fachlehrerin gegebene Möglichkeit nutzen, mich in der ganzheitlichen Durchführung einer Unterrichtsstunde zu versuchen. Thematisch war aktuell der durch das Schulcurriculum festgelegte Gegenstand der Argumentation Thema des Deutschunterrichts. Da ich mit dem Themenkomplex der Argumentation in meinem bisherigen Studium weder deutschdidaktisch noch hinreichend fachlich in Berührung kam und während des angebrochenen Praxissemesters auch aus zeitökonomischer Sicht kaum die Möglichkeit hatte, mich deutschdidaktisch-fachlich einzulesen, orientierte ich mich beim eigenständigen Planen der Unterrichtsstunde in erster Linie an Anregungen der Fachlehrerin, sowie an Aufgabenstellungen aus der Schulbuchsammlung der schulischen Fachbibliothek. Zur Planung der Unterrichtsstunde fertigte ich zu Übungszwecken im Hinblick auf die Unterrichtsberatungen durch die Fachleiter des Zentrums für schulpraktische Lehrerausbildung, sowie zur persönlichen Sicherheit des Ablaufs einen Verlaufsplan an, dessen angemessenen Aufbau ich im begleitenden Seminar des ZfsL Bochum – und nicht an der Ruhr-Universität – lernte.[12] Die einzige unkompliziert erreichbare, mir bis zu diesem Zeitpunkt bekannte Anlaufstelle für zusätzliche fachliche

---

12 Der Unterrichtsentwurf, sowie das Material besagter Stunde befindet sich im Anhang.

Orientierung, die ich durch die universitären Veranstaltungen kannte, war dabei der Kernlehrplan, nach dem sich die Argumentation unter anderem als wichtige Gegenstände der Bereiche „Sprechen und Zuhören", sowie „Texte schreiben" wiederfindet, weshalb ich mangels Erfahrung versuchte, beide Bereiche in einer Stunde unterzubringen, statt mich beim Lernziel auf einen der Bereiche zu konzentrieren.

Im Bereich „Sprechen und Zuhören" sollen Schülerinnen und Schüler der sechsten Klasse demnach lernen, sich „artikuliert, verständlich, sach- und situationsangemessen [zu] äußern [...] und verschiedene Formen mündlicher Darstellung unterscheiden und anwenden, [wie] insbesondere erzählen, berichten, informieren, beschreiben, schildern, appellieren, argumentieren, erörtern.[13] Außerdem soll ihnen die Möglichkeit gegeben werden, „sich konstruktiv an einem Gespräch [zu] beteiligen [...], [indem sie] die eigene Meinung begründet und nachvollziehbar vertreten, [sowie] auf Gegenpositionen sachlich und argumentierend eingehen.[14]

Im Bereich „Texte schreiben" sollen Schülerinnen und Schüler lernen, „zentrale Schreibformen [zu] beherrschen und sachgerecht [zu] nutzen: [Es sollen] Informierende (berichten, beschreiben, schildern), argumentierende (erörtern, kommentieren), appellierende [und] untersuchende (analysieren, interpretieren) formalisierte lineare Texte/nicht-lineare Texte" verfasst werden.[15]

Im Sinne dieser Ziele, und nach der Orientierung an verschiedenen Aufgabentypen in Schulbüchern, habe ich eine Unterrichtsstunde entworfen, die auf diese beiden Bereiche abzielt. Der genaue Ablauf der Stunde, konnte weitestgehend nach Anleitung des Verlaufsplans durchgeführt werden und die Stunde war insgesamt auch – im Hinblick darauf, dass es sich tatsächlich um die erste, eigenständige Stunde handelt – kein grundsätzlicher Misserfolg.[16] Allerdings kam es zu problematischen Situationen während der Stunde, sowie zu gewissen Abstrichen was das Lernziel angeht, die im Folgenden erläutert und unter Berücksichtigung eigener Beobachtungen, sowie Anmerkungen der Fachlehrerin evaluiert werden sollen. Zudem sind retrospektiv betrachtet, nachdem Grundprämissen des aktuellen Forschungsstandes nachvollzogen worden sind, auch einige fachliche Mängel zum Vorschein gekommen, die ebenfalls angeführt werden.

---

13 Ministerium für Schule und Weiterbildung des Landes Nordrhein-Westfalen (Hg.): Kernlehrplan
   für die Gesamtschule – Sekundarstufe I in Nordrhein-Westfalen. Deutsch, Düsseldorf 2005, S. 13f.
14 Ebd., S. 14.
15 Ebd., S. 15.
16 Der erstellte Verlaufsplan, sowie die Materialien finden sich im Anhang.

Spiegel (2006) weist auf die Bedeutung der verantwortungsvollen Fachkundigkeit mit dem Lerngegenstand des Argumentierens hin, die ich zu diesem Zeitpunkt, wie dargelegt, schlichtweg nicht hatte: „Für eine erfolgreiche Vermittlung der Argumentationsfähigkeit ist es notwendig, dass die Lehrenden über eine klare Kenntnis des Gegenstands Argumentation und seiner Funktionen (klären, positionieren, entscheiden, überzeugen usw.) sowie über eine Basiswissen bezüglich kommunikativer Prozesse und deren Steuerungsmöglichkeiten verfügen."[17] Dementsprechend moderierte ich die Stunde, ohne dabei den konkreten „roten Faden", der zum Lernziel führen sollte, mitzudenken. Bei der Vermittlung von argumentativen Kompetenzen ist es essentiell wichtig sich zu vergegenwärtigen, dass es sich primär um „thematisch gebundene sprachliche Begründungsaktivitäten [handelt], die auch von mehreren Beteiligten realisiert werden können [...]. Insofern ist Diskutieren die vor allem eine interaktive, argumentative Auseinandersetzung im Hinblick auf einen Sachverhalt im weitesten Sinn."[18] Die Potentiale der hier angesprochene Interaktivität mehrerer Akteuren wird in der Forschung dabei als besonders ergiebig betont, was ich auf Grund meiner Notizen zu später erfolgenden Stunden, in denen ich hospitierte und unterrichtete, nur bestätigen kann. Bei meiner Planung habe ich lediglich eine Pro und Contra Diskussion in Partnerarbeit durchführen lassen, bei der es „um Meinungsbildung, bzw. darum [geht], Positionen kennen zu lernen und sich für eine Position zu entscheiden [...].[19] Diese war vor allem deshalb so angedacht, weil ich die Unterrichtssituation durch die Gruppentischbildung nicht zugunsten von Unruhen habe aufbrechen wollen. Jene Entscheidung war jedoch, retrospektiv betrachtet, eindeutig die falsche. Eine separierte Partner- und Gruppentischbildung hätte ermöglicht, dass es bei Diskussionen viel effektiver möglich gewesen wäre, die Aufmerksamkeit der „einzelnen auf die am Tisch sitzenden Mitschüler zu richten [und dies hätte] zumindest phasenweise [zu] intensivere[n] kommunikative[n] Tätigkeiten der Schüler untereinander [...]" geführt.[20] Die Änderung der Sozialform hätte einen erheblichen Beitrag dazu geleistet, dass das Lernziel durch die in der Forschung als so wichtig betonte Interaktivität auch inhaltlich fokussiert hätte werden können. Zudem wäre dadurch vermieden worden, dass die sprachlichen Probleme einiger

---

17 Spiegel, Carmen: Argumentieren lernen im Unterricht - ein funktional-didaktischer Ansatz, in: Elke Grundler (Hg.): Argumentieren in Schule und Hochschule. Interdisziplinäre Studien (Stauffenburg Linguistik; 42), Tübingen 2006, S. 63-76, S. 70f.
18 Ebd., S. 64.
19 Ebd., S. 67.
20 Vogt, Rüdiger: Im Deutschunterricht diskutieren. Zur Linguistik und Didaktik einer kommunikativen Praktik (Reihe germanistische Linguistik ; 228), Tübingen 2002, S. 126.

Schülerinnen und Schüler mit Migrationshintergrund zum Monolog des jeweils sprachlich-stärkeren Schüler führten. Mir war zudem – mangels entsprechender deutschdidaktischer Sachkenntnisse und natürlich auch Erfahrung – nicht klar, dass es darum gehen muss, Situationen zu schaffen, in der das Argumentieren funktionsspezifisch erlernt werden kann. Hierfür brauche es realitätsnahe Argumentationssituationen, die verschiedene Meinungen zulassen, die Motivation der Schülerinnen und Schüler, sowie das Engagement der Lehrenden, die schulischen Bedingungen an alltagsweltliche Bedingungen anzupassen.[21]

Mein Versuch eine solche Situation zu schaffen, war insofern brüchig, als dass es bei erwähntem Thema kaum zu einem Pluralismus in der Situation des Meinungsaustauschs kam. Nahezu jede Schülerin und jeder Schüler kam zu einer Pro-Haltung zum eigentlichen Diskussionsgegenstand. Tatsächlich erwartete ich bereits bei der Planung ein solches Bild, dachte aber schlichtweg zu diesem Zeitpunkt nicht, dass Argumentationskompetenzen vor allem bei Diskrepanzen in den Positionen der Schülerinnen und Schüler gefördert werden können, sondern es vor allem entscheidend sei, dass das Thema alltagsrelevant und interessant für Schülerinnen und Schüler sei.

In der Forschung betont man jedoch eindringlich, dass es bei Diskussionen immer darum gehen muss, dass nicht ein Standpunkt einer Streitfrage der uneingeschränkt überzeugende und richtige sei,[22] sondern es gerade der Zweck der Diskussion in der Schule sei, einen Dissens über eine Frage, ein Problem oder einen Sachverhalt argumentativ zu diskutieren, um sich so Klarheit zu schaffen und gegebenenfalls gemeinsam eine Antwort, eine Lösungsmöglichkeit oder eine Deutung zu entwickeln.[23] Die Aufgabe der Lehrkraft müsse es demnach sein, bei der Behandlung von Streitfragen einen Gegenstand zu finden, bei dem die Schülerinnen und Schüler aus ihren Positionen heraus eine Haltung entwickeln und diese auch vertreten wollen. Nach Neumann (2016) sei die Argumentations-kompetenz der Schülerinnen und Schüler gar ausschließlich dadurch zu fördern, dass „etwas unter Kommunikationspartnern Strittiges mit dem Ziel geklärt wird, es unstrittig zu machen. [...]". Das Grundprinzip des Argumentierens bestünde darin, das Strittige durch Bezug auf Unstrittiges zu klären, d. h. den Dissens in einen Konsens zu

---

21 Spiegel, Carmen: Argumentieren lernen im Unterricht - ein funktional-didaktischer Ansatz, in: Elke Grundler (Hg.): Argumentieren in Schule und Hochschule. Interdisziplinäre Studien (Stauffenburg Linguistik; 42), Tübingen 2006, S. 63-76, S. 75.
22 Vogt, Rüdiger: Im Deutschunterricht diskutieren. Zur Linguistik und Didaktik einer kommunikativen Praktik (Reihe germanistische Linguistik ; 228), Tübingen 2002, S. 44ff.
23 Ebd., S. 1.

überführen.[24] Grunder (2013) verweist zudem auf die Bedeutung der Mehrperspektivität zur Förderung der Argumentationskompetenz, bei der gelernt werden soll, die Gegenposition zur eigenen Meinung nachzuvollziehen. Dies könne durch die Sozialform der Partnerarbeit hervorragend geschult werden.[25] Wäre nun ein solcher Dissens in der von mir durchgeführten Stunde entstanden, hätten hier gegebenenfalls wichtige Lernpotenziale erreicht werden können.

Neben der eindimensionalen Diskussionsgrundlage ergab sich in meiner Stunde noch durch die erwähnte heterogene Partnerbildung der erschwerende Umstand, dass Schülerinnen und Schüler mit schwachen Sprachkenntnissen kaum zum Argumentieren kamen. Nach Becker-Mrotzek (2013) bedarf es bei der dem mündlichen Argumentieren zugrundeliegenden Gesprächskompetenz ein Zusammenspiel aus explizitem und prozeduralem Wissen. Ersteres beinhaltet unter anderem die obligatorische Fähigkeit der „basale[n] Rezeptions- und Formulierungsfähigkeiten: Hierzu zählt zum einen die produktive Fähigkeit, mental-kognitive Konstrukte [...] mithilfe geeigneter phonologischer, lexikalischer und grammatischer Mittel auszudrücken; analog bedeutet das [auf der Rezeptionsebene] die Fähigkeit, die Bedeutung sprachlicher Ausdrücke zu verstehen."[26] Auch Neumann (2013) verweist auf die häufig festzustellende Unerreichbarkeit der Fähigkeit, adäquat zu argumentieren, die „insbesondere für nicht deutschsprachig aufwachsende Jugendliche und solchen aus schwierigen sozioökonomischen Verhältnissen" bemerkbar sei.[27] Überdies verweist Grundler (2013) auf den unstrittigen Befund der Gesprächsforschung, dass Gesprächs- und Argumentationskompetenzen nur aus der erfolgreiche „Synthese der daran Beteiligten emergiert".[28] In der Planung hätte ich hier also Eindeutig auf eine sprachsensible Zusammensetzung der Partner achten müssen.

24 Neumann, Astrid; Rossack, Solvig: Sprechen über zu schreibende Texte: Was handeln Schülerinnen und Schüler mündlich aus?, in: Ulrike Behrens; Olaf Gätje (Hgg.): Mündliches und schriftliches Handeln im Deutschunterricht. Wie Themen entfaltet werden (Positionen der Deutschdidaktik; 3), Frankfurt am Main [u.a.] 2016, S. 133-148, S. 135ff.

25 Grundler, Elke; Vogt, Rüdiger: Mündliche Argumentationskompetenz im Primarbereich sowie in den Sekundarstufen I und II, in: Steffen Gailberger; Frauke Wietzke (Hgg.): Handbuch kompetenzorientierter Deutschunterricht (Pädagogik), Weinheim [u.a.] 2013, S. 458-493, S 483.

26 Pabst-Weinschenk, Martina: Vortragen und Präsentieren, in: Steffen Gailberger; Frauke Wietzke (Hgg.): Handbuch kompetenzorientierter Deutschunterricht (Pädagogik), Weinheim [u.a.] 2013, S. 400-421, S. 423f.

27 Neumann, Astrid; Rossack, Solvig: Sprechen über zu schreibende Texte: Was handeln Schülerinnen und Schüler mündlich aus?, in: Ulrike Behrens; Olaf Gätje (Hgg.): Mündliches und schriftliches Handeln im Deutschunterricht. Wie Themen entfaltet werden (Positionen der Deutschdidaktik; 3), Frankfurt am Main [u.a.] 2016, S. 133-148, S. 135ff.

28 Grundler, Elke; Vogt, Rüdiger: Mündliche Argumentationskompetenz im Primarbereich sowie in den Sekundarstufen I und II, in: Steffen Gailberger; Frauke Wietzke (Hgg.): Handbuch kompetenzorientierter Deutschunterricht (Pädagogik), Weinheim [u.a.] 2013, S. 458-493, S 458.

Insgesamt decken sich diese Befunde und Beobachtungen mit denen der Fachlehrerin. Sie wies mich darauf hin, dass zwar durchaus über das Thema geredet wurde, jedoch kein Dissens beim Thema Wunschessen in der Schule bestand, sodass die eigentliche Diskussion teilweise einen obsoleten Charakter bekam. Die sich daran anschließende Wiederholung der Briefmerkmale, sowie Verschriftlichung eines eigenen Briefes irritierte die Schülerinnen und Schüler zwar meiner Ansicht nach nicht, die Fachlehrerin riet allerdings zurecht zu einer Beschränkung und gleichzeitigen Fokussierung des Lernziels der Argumentationskompetenz auf den Bereich der Mündlichkeit, oder – mit einem grundsätzlich anderem Aufbau – zur Schriftlichkeit. Positives Feedback erhielt ich jedoch in den Bereichen des *classroom managements* vor allem im Hinblick auf Auftreten und der den Schülern zugewandten Lehrerpersönlichkeit. Insgesamt kann in Bezug auf die Reflexion der Stunde also – im Sinne eines ersten, selbstständigen Unterrichtsversuchs – durchaus ein positives Fazit gezogen werden. Die fachlichen Mängel, die sich hier jedoch aufgetan haben sind meines Erachtens im Sinne der Selbstprofessionalisierung ernstzunehmen und werden in Konsequenz in Zukunft sicherlich dazu führen, dass ich in der Planung und Durchführung von Unterrichtselementen deutlich verantwortungsbewusster mit der Vorbereitung von Lerngegenständen umgehen werde und meine künftigen Unterrichtsstunden anhand des deutschdidaktischen Forschungsstandes ausrichten werde.

4. Selbstreflexion des Studiums an der Ruhr-Universität Bochum

Die sich an dieser exemplarischen Unterrichtsstunde aufgetanen deutschdidaktisch-fachlichen Mängel werfen Fragen nach einer vermeintlich mangelhaften Vorbereitung auf den Praxisblock am Ende des Master-Studiums auf, die im Folgenden – Im Sinne der den in dieser Arbeit zugrunde liegenden Kriterien – aus einer doppelten Perspektive beleuchtet werden. Es erfolgt eine umfangreiche, systematische Evaluation der obligatorischen und nach persönlichen Neigungen belegten Veranstaltungen des Bochumer Lehramtsstudiums im Fach Deutsch, die mit kritischen, selbstreflexiven Fragen des eigenen Studierverhaltens abgeglichen werden.

Um das Bochumer Lehrangebot im Fach Deutsch im Hinblick auf die Vorbereitung der Herausforderungen des Praxissemesters zu evaluieren, bedarf es nach meinem Dafürhalten zunächst einen Blick in das vorangegangene, für den *Master of*

Education obligatorische Bachelor-Studium der Ruhr-Universität. An einigen Universitäten in Nordrhein-Westfalen studieren künftige Lehramtsanwärter zunächst den *Bachelor of Education*, statt wie in Bochum, den *Bachelor of Arts*. Das Bochumer Curriculum sieht es jedoch vor, dass Lehramtsanwärter zunächst ein grundsätzliches, fachwissenschaftliches Studium aufnehmen, um sich schließlich die Möglichkeit offen zu halten gegebenenfalls eine andere berufliche Ausrichtung, oder den *Master of Arts* anzustreben. Für Studierende, die sich die berufliche Laufbahn des Lehrers offen halten wollen, speist sich der eigentliche Optionalbereich des Studiums, der neben den Fächern des 2-Fach-B.A. studiert wird, aus obligatorischen Veranstaltungen, welche den Studierenden lehramtsspezifische Grundlagen eröffnen.[29]

Demnach studiert man das sogenannte „Bildungswissenschaftliches Basismodul", welches aus vier Vorlesungen besteht: Erziehungs- und Bildungstheorien; Lern- und Entwicklungstheorien; Theorien der Sozialisation; Schule als Beruf: Perspektiven für angehende Lehrerinnen und Lehrer. Die in den Vorlesungen gelehrten Inhalte sind zutiefst theorielastig und werden mit eben jenem Schwerpunkt in Form von Klausuren abgeschlossen. Wichtigste Erkenntnisse der Lerntheorien können hier zumindest abstrahierend im Hinblick auf die Praxis nützlich sein, während letztgenannte Vorlesung allenfalls einen Überblick über Grundprämissen des Lehrer-Berufszweiges eröffnete. Auch in der Retrospektive kann ich – meinen Aufzeichnungen zur Vorlesung folgend – kaum pragmatisch-nützliches für die Unterrichtspraxis vermerken. Als Studierender war ich hierbei lediglich darauf bedacht, die äußerst schwierigen Abschlussklausuren der Vorlesungen anzustreben, statt mich auf gewinnbringende Erkenntnisse für das spätere Berufsleben zu konzentrieren. Anders sieht es im Hinblick auf das obligatorische Modul „Deutsch für Schülerinnen und Schüler mit Zuwanderungsgeschichte - Umgang mit sprachlicher Heterogenität in der Schule" aus. Hier werden durch Fachaufsätze gestützte Perspektiven im Hinblick auf die Praxis eröffnet, die Studierende entsprechend der Heterogenität der Schülerschaft sensibilisiert und aufklärt. Hier nahm ich zumindest erste berufsbezogene Eindrücke und Erkenntnisse gewinnbringend mit. Der deutlichste und tatsächlich nützlichste Praxisbezug kam jedoch im Modul der schulpraktischen Studien zur Geltung, welches auf dem unterrichtspraktischen Fundament des Orientierungspraktikums basiert. In der Praxisphase kam es erstmals zu einem tatsächlichen Perspektivwechsel von einer

---

29 Eine Übersicht des lehramtsspezifischen Optionalbereichs findet sich im Anhang.

Schüler- zu einer Lehrerperspektive, indem in unterschiedlichen Kursen hospitiert wurde. Die Seminarinhalte befassten sich hingegen mit eher allgemeindidaktischen, theoretischen Inhalten rund um die Themen der Unterrichtsqualität und wiesen meines Erachtens eindeutig zu wenige Praxisbezüge auf.

Im Gegensatz zur Obligatorik der Lehramtsstudierenden im Optionalbereich, finden sich im Germanistik-Curriculum des Bachelor-Studiengangs keinerlei didaktische Inhalte.[30] Hier können Studierende mit dem Berufsziel Lehramt höchstens gezielt Veranstaltungen wählen, die gegenständlich für den Deutschunterricht relevant sind. Ich persönlich wählte jedoch – so muss ich selbstkritisch einräumen – vor allem nach pragmatischen Kriterien, wie persönlichen Neigungen oder lückenloser Stundenplanung, um möglichst gute Ergebnisse in Regelstudienzeit zu erzielen und genug Zeit zur Realisierung des Nebenjobs zur Verfügung zu haben. Zunächst einmal sieht das Germanistik-Curriculum vor, dass Studierende in jedem der drei curricularen Fachbereiche (Neue Deutsche Literaturwissenschaft, Linguistik, Mediävistik) jeweils ein obligatorisches Grundkursmodul studieren, woran sich jeweils ein ebenfalls obligatorisches Vertiefungsmodul anschließt. Darüber hinaus räumt das Curriculum den Studierenden die persönliche Akzentsetzung bei den Schwerpunktmodule ein, die frei nach Eigeninteresse, allerdings fachwissenschaftlich, zusammengestellt werden können. Parallel zu erwähnten Modulen gibt es den sogenannten „freien Bereich", der mit germanistischen Veranstaltungen belegt werden kann, welche ebenfalls neigungsgemäß akzentuiert werden können. Hier können Studierende mit dem Berufsziel Lehramt gezielt Veranstaltungen wählen, die für den späteren Beruf relevant sind. In diesem Bereich hätte ich bereits früh im Studium entsprechend meines Berufsziels wählen müssen, da sowohl deutschdidaktische, als auch fachdidaktische Inhalte von schulischer Relevanz hätten belegt werden können. Stattdessen entschied ich mich – mangels Weitsicht und zugunsten von guten Studiennoten – dazu, Mediävistik-Veranstaltungen zu belegen, wann immer es mir möglich war, da der Fachbereich mich bereits seit dem Grundkurs faszinierte und jene Faszination im Verlauf des Studiums – auch durch fachliche Ergänzungen meines Zweitfachs Geschichte – nicht abnahm. Auch wenn fachliche Gegenstände der Grundkursmodule zur Neuen Deutschen Literaturwissenschaft und Linguistik sicherlich zum Teil für die Schule obligatorische Kenntnisse vermitteln, bleiben verpflichtende lehramtsspezifische Veranstaltungen während des Bachelor-Studiengangs Germanistik der Ruhr-

---

30 Eine Übersicht des Germanistik-Bachelor of Arts findet sich im Anhang.

Universität aus. Der *Bachelor* ist in Bochum eindeutig auf fachwissenschaftliche Inhalte ausgelegt – Studierende mit dem Berufsziel Lehramt studieren hier merklich einen Germanistik-*Bachelor of Arts*, wenn sie ihre Module nicht eigenständig mit Weitsicht auf das Berufsziel zusammenstellen.

Dem wissenschaftlichen Grundstudium folgt dann der kürzere *Master of Education* im Fach Deutsch. Hier kommt schließlich Bildungswissenschaft als drittes lehramtsspezifisches Fach hinzu.[31] Die Module „B2: Merkmale, Organisationsformen und Problembereiche institutionalisierten schulischen Lernens", sowie „A6: Lehren und Lernen" zielen dabei – mit Inhalten wie beispielsweise zum Schulsystem Deutschlands oder kognitiven Aspekten des Lehrens und Lernens – eher auf die Erweiterung der theoretischen Lehrerausbildung, während das Modul „B3: Erforschung, Planung und Evaluation von Unterricht" praxisbezogene Inhalte bietet. In Vorbereitung zum Praxissemester belegt man hier zumindest ein Seminar „Allgemeine Didaktik", welches konkrete Fragen der Unterrichtsqualität, Methodik und Didaktik, sowie rechtliche Grundlagen beleuchtet. Freilich können solche Inhalte lediglich fächerübergreifend – oder vereinzelt beispielhaft – erfolgen, da das Seminar obligatorisch für die Lehramtsanwärter aller Fächer ist. Unter Berücksichtigung eben jener Inhalte wird deutlich, wie sehr nun eine hinreichende, fachspezifisch deutschdidaktische Ausrichtung der verbleibenden Studieninhalte für angehende Deutschlehrer nötig gewesen wäre, um innerhalb von zwei Semestern schließlich doch noch eine angemessene Vorbereitung auf die Unterrichtspraxis zu ermöglichen. Der Studiengang des *Master of Education* Deutsch besteht aus zwei Modulen, bei denen jeweils „Modul A" einen literaturwissenschaftlich-didaktischen, und „Modul B" einen linguistisch-didaktischen Schwerpunkt aufweist.[32]

Die Veranstaltungen zum Umgang mit Heterogenität im Deutschunterricht haben übergreifende Fragestellungen und können einem der beiden Module zugeordnet werden. Zunächst einmal ist nach meinem Dafürhalten kritisch zu sehen, dass diese ohnehin schon quantitativ begrenzte Vorbereitung auf die Praxis in beiden Modulen jeweils ein fachwissenschaftliches Hauptseminar beinhalten (A3 und B3). Im Hinblick auf den vorangegangenen *Bachelor*-Studiengang, der im Fach Germanistik ausschließlich fachwissenschaftlich ausgerichtete Veranstaltungen obligatorisch vorsieht, war die weitere verpflichtende Belegung von Veranstaltungen ohne didaktischen Fokus doch im Hinblick auf die nahende Lehramtspraxis meiner

---

31 Eine Übersicht der obligatorischen, bildungswissenschaftlichen Module findet sich im Anhang.
32 Eine Übersicht des Germanistik-Master of Education, sowie der belegten Veranstaltungen findet sich im Anhang.

Ansicht nach wenig zielführend. Von jenen Seminaren abgesehen, weisen die von mir im linguistischen Modul (B) belegten Vorlesungen (B1a und B1b), die ja beide Ausrichtungen beinhalten sollen, zwar durchaus spezifisch deutschdidaktische Inhalte auf, diese waren jedoch quantitativ deutlich unterrepräsentiert und wurden kaum auf die Unterrichtspraxis bezogen, was – so mein Eindruck – an den fachlichen Präferenzen der Dozenten festgemacht werden kann, die in beiden Fällen eindeutig mehr Fachwissenschaftler, denn Deutschdidaktiker waren. Fachinhalte wie die Geschichte des Grammatikunterrichts führen zwar irgendwann zur Reflexionsfähigkeit über modernere methodische Ansätze, sind jedoch insgesamt zu wenig utilitaristisch gedacht, um für die Unterrichtspraxis konkrete, gewinnbringende Erkenntnisse zu erwirtschaften. Zur Evaluation der qualitativen Ebene der verbleibenden Veranstaltungen mit didaktischer Ausrichtung lässt sich kontrastiv ein eher positives Fazit ziehen, welches im Folgenden dargelegt werden soll. Das linguistische Modul sieht neben erwähnten Vorlesungen und dem fachwissenschaftlichen Seminar die Belegung eines didaktischen Hauptseminars (B2) vor, bei dem obligatorische didaktische Kenntnisse im Hinblick auf den Grammatikunterricht vermittelt werden sollen. Hier nahm ich aus zeitlichen Gründen die Möglichkeit war, die Veranstaltung in Form eines Blockseminars wahrzunehmen. Da die Seminarssitzungen an insgesamt zwei Wochenenden stattfand, wurde Studierenden hier vorbereitend die umfangreiche Anfertigung von Exzerpten zu einigen ausgewählten Texten mit unterschiedlichen linguistischen und didaktischen Gegenständen nahegelegt. Die Seminarssitzungen bestanden dann aus drei inhaltlichen Schwerpunkten: Die Nachbesprechung wichtiger Inhalte der Textgrundlagen; die Übung und Wiederholung der deutschen Grammatik, sowie Ansätzen zur Vermittlung jener Gegenstände im Unterricht; die schriftliche, materialgestützte Planung einer eigenen Unterrichtsstunde mit grammatischem Schwerpunkt. Problematisch an letzterem Programmpunkt war meines Erachtens das Format der Erarbeitung. Die Sozialform der Gruppenarbeit kann zwar – im Sinne der Binnendifferenzierung bei unterschiedlichen Vorkenntnissen – gewinnbringend für Teilnehmer sein, die gemeinsame Planung führte jedoch in diesem Fall zu einer Reihe komplizierter Meinungsverschiedenheiten und Kompromisse beim Aufbau, welche zur Folge hatten, dass sich gegen Ende der Planung kaum noch ein Gruppenmitglied in Gänze mit der Stunde identifizierte. Das anschließend erfolgende Feedback der Dozentin bekam dadurch ein Stück weit einen obsoleten Charakter. Die Gruppenarbeit ist auch vor dem Hintergrund der zeitlichen Möglichkeiten im

Blockseminar nachvollziehbar, jedoch hätte ich und – der Feedbackrunde zur Folge auch ein Großteil der Seminarteilnehmer – mehr zeitliche Kapazitäten für die eigenständige Erstellung eines Unterrichtsentwurfs in Einzelarbeit bevorzugt.

Der meiner Meinung nach deutlich stärkere didaktische Fokus lässt sich im literaturdidaktischen Modul (A) feststellen. Hier merkte man bereits bei der Vorlesung (A1) „Literatur und Medien im Deutschunterricht" eine deutliche Ausrichtung auf die Unterrichtspraxis, die mit konkreten Beispielen, Materialien, praxisbezogenen Texten, sowie sinnvollen Ideen und Impulsen des Dozenten einen guten Überblick über Unterrichtsgegenstände zu einzelnen Themen der Lyrik, Epik und Dramen verschafften. Da mir literarische Gegenstände während der gesamten Praxisphase jedoch nicht im unterrichtlichen Kontext begegneten, hätte ich persönlich eine Ausdehnung der Vorlesungsinhalte auf zwei Semester (wie im Modul B) als sinnvoll erachtet, um ein größeres Spektrum literaturdidaktischer Themen abzudecken. Die inhaltlichen Beschränkungen bei lediglich 12 Vorlesungen liegt auf der Hand. Dennoch kann ich hier zumindest sicher sein, für entsprechende Themen in Zukunft nicht gänzlich unvorbereitet zu sein. Zudem wurde den Teilnehmern hier ein kompetenzorientierter und vornehmlich produktiver Umgang mit Texten der literarischen Gattungen vermittelt, der sich sicherlich auch im Hinblick auf andere Textformen produktiv nutzen lässt. Das von mir belegte fachwissenschaftliche Hauptseminar (A3) „Textanalyse als Aufgabe: Wolframs Parzival" war zwar als solches eigentlich nicht deutschdidaktisch ausgerichtet, allerdings räumte die Dozentin den M.Ed.-Seminarteilnehmer dankbarer Weise die Möglichkeit ein, im Rahmen des Teilnahmenachweises einen mediävistischen Gegenstand zu didaktisieren, um geeignetes Material für den Unterricht zu erstellen und vorzustellen. Einen eigentlichen, fachdidaktischen Mehrwert gab es zwar mangels entsprechender Seminarinhalte nicht, allerdings konnte man sich hier zumindest – anders als im linguistischen Fachseminar – mit dem Kernlehrplan und der Didaktisierung von literarischen Gegenständen auseinandersetzen und bekam auch gezieltes Feedback im Plenum des Seminars. Den deutlichsten Bezug zur Unterrichtspraxis gab es bei den von mir belegten Kursen im fachdidaktischen Hauptseminar (A2) „Literarisches Lernen - Literarische Kompetenzen". Im Gegensatz zum linguistischen Fachdidaktik Seminar (B2) wurde jene Veranstaltung über das Semester hinweg belegt. Zu den jeweiligen Seminarsitzungen wurde über den gesamten Zeitraum hinweg fachdidaktische Literatur gereicht, die als Diskussions- und Arbeitsgrundlage für die jeweiligen Seminarssitzungen fungierte.

Hierbei wurde auf eine ausgewogene Auswahl von sowohl allgemeine Aufsätze zu literarischen Kompetenzen, als auch von durchaus spezifischen Texte zu Einzelaspekten literarischen Lernens geachtet. So wurde zunächst auf Grundlage der Aspekte Kaspar Spinners ein besonderes Augenmerk auf die poetologische Differenz, das Symbolverstehen, die Vorstellungsbildung, sowie die Handlungsanalyse gelegt, welche sich allesamt als produktive Faktoren für die Ausbildung von Lesekompetenzen erweisen. Die Komposition der Seminarssitzungen sah es dann vor, die durch Textgrundlagen erworbene Erkenntnisse in literaturdidaktische Methoden zu überführen, welche allesamt auf dem aktuellen Stand der deutschdidaktischen Forschung basieren. Diese Überführung wurde schließlich zum Teil innerhalb des Seminars mit den Teilnehmern eingeübt. Insbesondere die methodische Ansätze, wie beispielsweise das Heidelberger Modell des literarischen Unterrichtsgesprächs, sowie gewinnbringende Umsetzungsformen des kreativen und poetologischen Schreibens im Literaturunterricht wurde den Teilnehmern der Veranstaltung praktisch vermittelt. Der Mehrwert dieser Veranstaltung war für die konkrete Unterrichtspraxis nach meinem Dafürhalten deshalb so deutlich, weil Fragen des Lernens und Kompetenzerwerbs im Literaturunterricht auf Basis von Erkenntnissen der fachwissenschaftlichen Orientierungstexte erörtert, und schließlich – in Konsequenz einer möglichen Beantwortung – in unterrichtspraktische Ansätze überführt worden sind. Ähnlich positiv sah es bei der Übung „Prozessorientiertes Schreiben" (A4) aus. Obwohl auch diese Veranstaltung in Form eines Blockseminars belegt wurde, charakterisierte sich die Übung durch die Maximierung einer sinnvoll angelegten, praxisorientierten Lernzeit zur überaus nützlichen und produktiven Veranstaltung. Ausgehend von grundlegenden Texten zum Lerngegenstand der Schreibkompetenz nach Becker-Mrotzek (2012) und Böttcher (2012) wurden Fragen ihrer wirksamen Förderung nach Philipp (2017) und Kompetenzorientierung nach dem Kernlehrplan erörtert und im Seminar diskutiert. Auf Grundlage dessen wurde anschließend unterrichtspraktisches Material anhand von exemplarischen Texten entworfen. Zuletzt möchte ich noch auf die Veranstaltungen zur „Unterrichtsplanung und Umgang mit Heterogenität im Deutschunterricht" (PS1 und PS2) eingehen, die von ihrer Bedeutsamkeit und Zweckmäßigkeit nicht weiter voneinander hätten entfernt sein können. Die Vorlesung, die das Curriculum sinnvollerweise als obligatorische Veranstaltung vor dem Praxissemester vorsieht, revidiert und aktualisiert die Vorstellungen des bisherigen, selbst erlebten Deutschunterrichts zugunsten eines zukunftsorientierten, inklusiv ausgerichteten Konzepts und beschönigt dabei gleichzeitig aber auch nicht das damit verbundene Spannungsverhältnis von Kompetenzorientierung, Bildungsstandards, Inklusion und unterrichtlichem Alltag, welches vorlesungsübergreifend als Metapher und zugleich verbildlichter *Advanced Organizer* für einzelne Inhaltssitzungen steht. Die andere Veranstaltung (PS2) ist als Begleitseminar im dreiwöchigen Turnus parallel zum Praxissemester zu belegen. Auf Grund der wenigen Inhaltssitzungen entschied sich der Dozent, die Sitzungen vornehmlich als „Austauschzeiten" im Hinblick auf das Studienprojekt und die Erlebnisse in Praktikum auszulegen, die außerdem auch zu allgemeineren Themen, wie Einstieg, Sicherung oder Aufgabentypen geführt werden sollten, während er inhaltliche Themen durch den Moodle-Kurs in Form des freiwilligen Selbststudiums abzudecken versuchte. Die im Moodle-Kurs vorhandene Literaturauswahl war jedoch nicht gerade reichhaltig und vieles hätte man sich durch die Angabe aus der Bibliographie zu entsprechendem Thema selbst beschaffen müssen. Das parallele recherchieren und rezipieren von fachdidaktischer Literatur verbleibt jedoch während des gesamten Praxissemesters, mit der damit verbundenen Planung, Durchführung und Hospitation von eigenständigen Unterrichtsstunden, sowie den durch das ZfsL betreuten Unterrichtsberatungen, und schließlich auch dem Organisieren, Planen und Durchführen der Studienprojekte schlichtweg Utopie. Zudem finden zu Beginn und zum Ende der Praxisphase Modulabschlussprüfungen in allen Fächern statt, die man – will man auch nur annähernd in Regelstudienzeit studieren – in den Zeiträumen leisten und entsprechend vorbereiten muss. Will man dann auch noch zur Finanzierung des Studiums durch einen Nebenjob beitragen, kommt es zwangsweise zu zeitlichen Engpässen. Eine inhaltliche Auseinandersetzung im Selbststudium muss daher nach meinem Dafürhalten zwangsweise vor dem Praxisblock erfolgen.

Insgesamt verdeutlicht diese Reflexion, dass eine nachhaltige didaktische Vorbereitung im *Master of Education* Studium leider deutlich zu kurz gekommen ist. Im linguistischen Bereich werden essentielle Aspekte, wie beispielsweise die Sprachförderung, viel zu theoretisch als unterrichtlicher Gegenstand beleuchtet – es findet kaum ein produktiver Praxisbezug statt. Im literaturdidaktischen Bereich war die inhaltliche Vorbereitung deutlich lehramtsspezifischer und im direkten Vergleich der Praxisrelevanz erheblich besser. Hier bleibt schlichtweg nur zu kritisieren, dass man sich gegenständlich auf Grund der zeitlichen Begrenzungen des Moduls oftmals stark auf einzelne Aspekte – vornehmlich literarische Gattungen – beschränkt.

5. Fazit

Der in dieser Arbeit erfolgte Selbstreflexionsprozess führt mich abschließend dazu – im Sinne der Fragestellung dieser Arbeit – einzuräumen, dass ich mich – unter Summierung aller relevanter Veranstaltungen des Bachelor-Studiengangs mitsamt des lehramtsspezifischem Optionalbereichs, des Faches Bildungswissenschaft, sowie schließlich der des Master-Studiengangs Deutsch – auf etwa 75% der Anforderungen der Unterrichtspraxis im Fach Deutsch unvorbereitet fühlte und es während des Studiums versäumt habe, entsprechende Kenntnisse und Inhalte eigenständig durch meine zweifelsohne im Verlauf des Studiums angeeignete Fähigkeit zum Selbststudium aufzuarbeiten. Zudem bereue ich meine Fokussierung auf pragmatische Aspekte der Stundenplanung, nach denen ich Veranstaltungen nicht mit Weitblick auf mein Berufsziel wählte. Insgesamt hätte ich hier wohl deutlich besser vorbereitet sein können, wenn ich bereits in der durchaus flexibel gestaltbaren Modulzusammensetzung des Bachelor-Studiums auf die überwiegende Wahl mediävistischer zugunsten von tatsächlich berufsrelevanten Veranstaltungen verzichtet hätte. Zudem wäre es sinnvoll gewesen, Inhalte nicht nur im Hinblick auf ihre Relevanz in Bezug auf Leistungsnachweise zu betrachten, sondern auch aus beruflicher Perspektive. Die anhand der problembehafteten Unterrichtssituation exemplifizierten fachlichen Mängel werden in Konsequenz der Erfahrungen aus der Praxis, sowie den Erkenntnissen des Selbstevaluationsprozesses dieser Arbeit sicherlich dazu führen, dass ich mich in Vorbereitung von Unterrichtselementen verantwortungsvoller mit dem jeweiligen Lerngegenstand auseinandersetze. Auch wenn sich einige der erwähnten Probleme durch zunehmende Lehrroutine nicht wiederholten, und sich die Gestaltung von Unterrichtsstunden im Verlauf der Praxisphase progressiv entwickelte, so erkenne ich doch die Unabdingbarkeit von aktueller, fachdidaktischer Literatur, um den Schülerinnen und Schülern die bestmöglichen Lernchancen eröffnen zu können. Künftigen Studierenden kann ich nur ans Herz legen, sich rechtzeitig verantwortungsvoll und weitblickend mit relevanten deutschdidaktischen Themen zu befassen, während ich Dozierenden einen stärkeren Praxisbezug in lehramtsspezifischen Veranstaltungen nahelegen möchte. Schließen möchte ich mit einem Appell an Verantwortliche des Fachcurriculums, denen ich aus erster Hand die Notwendigkeit einer grundlegenden Revision der Bochumer Lehramtsausbildung versichere. Man sollte nicht erst kurz vor Ende des langen Studiums mit berufsbezogenen, praxisrelevanten Inhalten konfrontiert werden.

Literaturverzeichnis

- Beywl, Wolfgang: Selbstevaluation in der Lehre. Ein Wegweiser für sichtbares Lernen und besseres Lehren, Münster [u.a.] 2011.
- Bortz, Jürgen: Forschungsmethoden und Evaluation für Human- und Sozialwissenschaftler (Springer-Lehrbuch), [u.a.] Berlin[4] 2006.
- Die Verfahrensordnung Praxissemester an der Ruhr-Universität Bochum, RUB 2014
- Ebeling, Marianne [u.a.]: Definition von Evaluation, in: Matthias von Saldern [u.a.]: Selbstevaluation von Schule: Hintergrund - Durchführung – Kritik, Norderstedt 2010, S. 33-50.
- Gahleitner, Silke Birgitta: Einleitung, in: Silke Birgitta Gahleitner (Hg.): Wann sind wir gut genug? Selbstreflexion, Selbsterfahrung und Selbstsorge in Psychotherapie, Beratung und Supervision, Weinheim [u.a.] 2014, S. 7-17.
- Grundler, Elke; Vogt, Rüdiger: Mündliche Argumentationskompetenz im Primarbereich sowie in den Sekundarstufen I und II, in: Steffen Gailberger; Frauke Wietzke (Hgg.): Handbuch kompetenzorientierter Deutschunterricht (Pädagogik), Weinheim [u.a.] 2013, S. 458-493.
- Saldern von, Mattihas [u.a.]: Warum Selbstevaluation?, in: Matthias von Saldern [u.a.]: Selbstevaluation von Schule: Hintergrund - Durchführung - Kritik, Norderstedt 2010, S. 17-32.
- Ministerium für Schule und Weiterbildung des Landes Nordrhein-Westfalen (Hg.): Kernlehrplan für die Gesamtschule – Sekundarstufe I in Nordrhein-Westfalen. Deutsch, Düsseldorf 2005.
- Neumann, Astrid; Rossack, Solvig: Sprechen über zu schreibende Texte: Was handeln Schülerinnen und Schüler mündlich aus?, in: Ulrike Behrens; Olaf Gätje (Hgg.): Mündliches und schriftliches Handeln im Deutschunterricht. Wie Themen entfaltet werden (Positionen der Deutschdidaktik; 3), Frankfurt am Main [u.a.] 2016, S. 133-148.
- Pabst-Weinschenk, Martina: Vortragen und Präsentieren, in: Steffen Gailberger; Frauke Wietzke (Hgg.): Handbuch kompetenzorientierter Deutschunterricht (Pädagogik), Weinheim [u.a.] 2013, S. 400-421.
- Spiegel, Carmen: Argumentieren lernen im Unterricht - ein funktional-didaktischer Ansatz, in: Elke Grundler (Hg.): Argumentieren in Schule und Hochschule. Interdisziplinäre Studien (Stauffenburg Linguistik; 42), Tübingen 2006, S. 63-76.
- Vogt, Rüdiger: Im Deutschunterricht diskutieren. Zur Linguistik und Didaktik einer kommunikativen Praktik (Reihe germanistische Linguistik; 228), Tübingen 2002.

Anhang: Unterrichtsstunde

Stundenplanung Deutsch 6b 15.11.2018

Zeit	Phasen	Inhalt/ Interaktion	Methoden/ Medien
11:35 Uhr	Einstieg	Überschrift „An einem Tag in der Woche dürfen Schülerinnen und Schüler über ihr Wunschessen abstimmen"/ „Einführung eines Wahltags für ein Wunschessen" wird an die Tafel geschrieben. SuS beschreiben, um welches Thema es heute gehen könnte.	Plenum; Tafel
11:45 Uhr	Erarbeitung I	L. teilt AB „Wunschessen in der Schule" aus. Die Aufgabenstellungen 1-4 werden gemeinsam gelesen. Das „Meinungshaus" wird erläutert. EA 15Min. Austausch der Argumente im Lerntempoduett.	AB „Wunschessen in der Schule" Aufgaben 1-4
12:05 Uhr	Zwischensicherung	Einige SuS tragen ihre Argumente vor.	Plenum; Tafel?
12:10 Uhr	Erarbeitung II	Aufgabe 5 des AB „Wunschessen in der Schule" wird gemeinsam gelesen. Die Merkmale eines Briefes werden wiederholt. EA 10Min. Überprüfe, ob der Brief vollständig und gut formuliert ist. HA: Brief zu Ende schreiben.	AB „Wunschessen in der Schule" Aufgabe 5

Deutsch 6b   <u>**Wunschessen in der Schule**</u>   **15.11.2018**

Nimm schriftlich **Stellung** zur <u>Einführung eines Wahltags für ein Wunschessen</u>. Bearbeite dabei folgende Arbeitsschritte.
1. **Lege** deinen Standpunkt **fest**: Bist du dafür oder dagegen?
2. **Schreibe** deine Meinung in das Dach des <u>Meinungshauses</u>.
3. **Notiere** dir drei Argumente (Begründung und Beispiel) für deine Meinung.
4. **Bringe** deine Argumente in eine sinnvolle Reihenfolge. Beginne mit dem schwächsten und ende mit deinem stärksten Argument.

Meinung:		
Argument 1	Argument 2	Argument 3
Beweise/Beispiele zu Argument 1	Beweise/Beispiele zu Argument 2	Beweise/Beispiele zu Argument 3

5. **Verfasse** einen Brief an den Schulleiter, in dem du ihm deine Meinung mitteilst. **Benutze** die Argumente aus dem <u>Meinungshaus</u> und die <u>Formulierungshilfen</u>. Beachte auch die <u>Merkmale eines Briefes</u>.

Briefkopf: Ort, Datum
Beispiel: Witten, 17.12.2018

Anrede, in der wir den Empfänger persönlich ansprechen.
Je nachdem wie gut man Person kennt, an die der Brief gerichtet ist,
verwendet man unterschiedliche Anredeformen.
Beispiel: Hallo Max! Lieber Max, Guten Tag Frau Schmidt, Sehr geehrter Herr Müller,
Merke: Nach einem Ausrufezeichen schreiben wir groß weiter; nach einem Komma schreiben
wir klein weiter.

Fremde Personen siezt man. Die Höflichkeitsformen Sie, Ihnen, Ihre, usw. schreibt man groß.
Vertraute Personen duzt man. Die Worte du, dir dich, ihr, euch, euer usw. Kann man klein
und groß schreiben.

Der **Brieftext** besteht aus:
- Einleitung
- Hauptteil
- Schluss

Grußformel
Beispiel: Mit freundlichen Grüßen, Viele Grüße, Liebe Grüße, Bis bald.

Unterschrift

Anhang: Das lehramtsspezifische Modulangebot im Optionalbereich

Entsprechend der im LABG formulierten Vorgaben sind zur Aufnahme des M.Ed.-Studiums bereits fächerübergreifende lehramtsspezifische Kenntnisse nachzuweisen. An der RUB wird dieses Modulangebot für Sie im Optionalbereich bereitgestellt. Die Module stehen selbstverständlich auch Studierenden offen, die den M.Ed.-Studiengang nicht anstreben. So ist es auch nach einigen Semestern ohne Besuch des lehramtsspezifischen Modulangebots möglich, ebenso wie nach einem Universitätswechsel an die RUB, die Anforderungen mit einer kalkulierbaren Studienzeitverlängerung oder Zulassungsauflagen zum M.Ed.-Studium zu erfüllen.

Um zum M.Ed.-Studium ohne Auflagen zugelassen zu werden, sollten folgende Module im Optionalbereich erfolgreich absolviert werden:

Optionalbereich

Bildungswissenschaftliches Basismodul* (9 CP bis SoSe 2018 / 5 CP ab WS 2018/19) Gebiet 4 / Profil Lehramt	Deutsch für Schülerinnen und Schüler mit Zuwanderungsgeschichte (6 CP) Gebiet 2 / Profil Lehramt	Wahlpflichtmodul nach eigenen Interessen (5 CP) Gebiet 1-6 / i. d. R. alle Profile
Basismodul: Schulpraxisstudien [Eignungs- und Orientierungspraktikum] (5 CP bis SoSe 2018 / 9 CP ab WS 2018/19) Gebiet 6 / Profil Lehramt		Praktikum [Berufsfeldpraktikum] (5 CP) Gebiet 5 / Profil Lehramt

Anhang: Empfehlungen für den Studienverlauf im B.A.-Studium

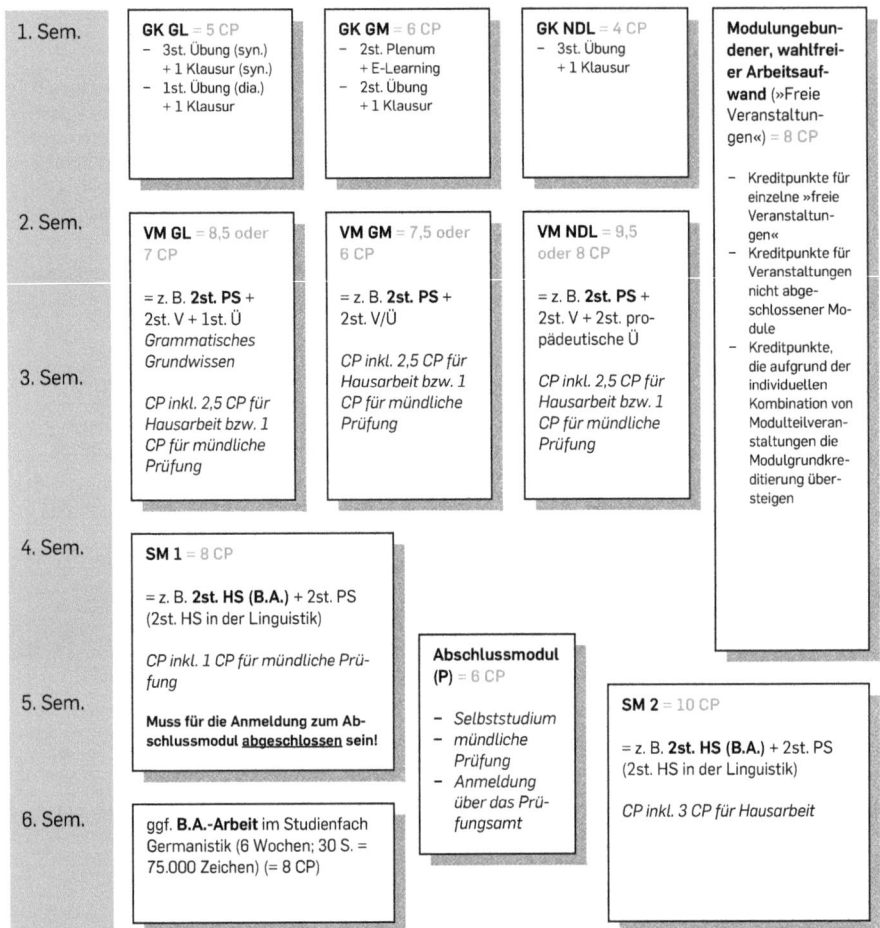

1. Sem.

GK GL = 5 CP
- 3st. Übung (syn.)
  + 1 Klausur (syn.)
- 1st. Übung (dia.)
  + 1 Klausur

GK GM = 6 CP
- 2st. Plenum
  + E-Learning
- 2st. Übung
  + 1 Klausur

GK NDL = 4 CP
- 3st. Übung
  + 1 Klausur

Modulungebundener, wahlfreier Arbeitsaufwand (»Freie Veranstaltungen«) = 8 CP

- Kreditpunkte für einzelne »freie Veranstaltungen«
- Kreditpunkte für Veranstaltungen nicht abgeschlossener Module
- Kreditpunkte, die aufgrund der individuellen Kombination von Modulteilveranstaltungen die Modulgrundkreditierung übersteigen

2. Sem.

3. Sem.

VM GL = 8,5 oder 7 CP

= z. B. **2st. PS** + 2st. V + 1st. Ü *Grammatisches Grundwissen*

CP inkl. 2,5 CP für Hausarbeit bzw. 1 CP für mündliche Prüfung

VM GM = 7,5 oder 6 CP

= z. B. **2st. PS** + 2st. V/Ü

CP inkl. 2,5 CP für Hausarbeit bzw. 1 CP für mündliche Prüfung

VM NDL = 9,5 oder 8 CP

= z. B. **2st. PS** + 2st. V + 2st. propädeutische Ü

CP inkl. 2,5 CP für Hausarbeit bzw. 1 CP für mündliche Prüfung

4. Sem.

SM 1 = 8 CP

= z. B. **2st. HS (B.A.)** + 2st. PS (2st. HS in der Linguistik)

CP inkl. 1 CP für mündliche Prüfung

Muss für die Anmeldung zum Abschlussmodul <u>abgeschlossen</u> sein!

5. Sem.

Abschlussmodul (P) = 6 CP

- *Selbststudium*
- *mündliche Prüfung*
- *Anmeldung über das Prüfungsamt*

SM 2 = 10 CP

= z. B. **2st. HS (B.A.)** + 2st. PS (2st. HS in der Linguistik)

CP inkl. 3 CP für Hausarbeit

6. Sem.

ggf. **B.A.-Arbeit** im Studienfach Germanistik (6 Wochen; 30 S. = 75.000 Zeichen) (= 8 CP)

M.Ed.-Studium

Pflichtbereich:

B2 Merkmale, Organisationsformen und Problembereiche institutionalisierten schulischen Lernens

T1 = Theorien der Schule (V/OS)

T2 = Das Bildungssystem der BRD (V/OS)

→ Alle 2 Teile
→ 1 OS + 1 MAP (mdl. Prüfung) + 1 V

→ **8 CP**

B3 Erforschung, Planung und Evaluation von Unterricht

T1 = Allgemeine Didaktik/ Unterrichtsplanung (OS)
→ **Vorbereitungsseminar zum PS**

T2 = Unterrichtsforschung/ Unterrichtsanalyse (V/OS)

T3 = Diagnostik (V/OS)

→ Alle 3 Teile
→ 2 OS + 1 MAP (Bericht zum PS) + 1 V
→ T1 vor dem PS
→ T2 o. T3 als OS begleitend zum PS
→ Verbleibender Teil als V

→ **12 CP**

Wahlpflichtbereich:

A4 Bildung und Gesellschaft

T1 = Erziehungs- und bildungstheor. Diskurse (V/OS)
T2 = Soziologische, philos. u. anthropol. Referenztheorien (V/OS)
T3 = Formen der Erziehung u. Bildung im histor. Prozess (V/OS)
MAP im Anschluss an das OS (T1, 2 oder 3)
Alle 3 Teile: 2 V + 1 OS + 1 MAP (Klausur) → 8 CP

oder

A5 Internationale Bildungsentwicklung u. interkulturelle Pädagogik

T1 = Nationale Bildungssysteme im internationalen Kontext (V/OS)
T2 = Päd. Modelle und Konzepte in internat. Perspektive (V/OS)
T3 = Didaktik und Methodik interkult. und internat. Bildungsarbeit (OS + MAP)
Alle 3 Teile: 2 V + 1 OS + 1 MAP (Klausur) → 8 CP

oder

A6 Lernen und Lehren

T1 = Kognitive und verhaltensbasierte Aspekte (V)
T2 = Motivationale und emotionale Aspekte (V)
T3 = Methodische Aspekte (OS + MAP)
Alle 3 Teile: 2 V + 1 OS + 1 MAP (Klausur) → 8 CP

Legende:
ÜV = Überblicksvorlesung   HA = Hausarbeit
V = Vorlesung   MAP = Modulabschlussprüfung
OS = Oberseminar   PS = Praxissemester

Modul A Textualität des Deutschunterrichts:

A1: Vorlesung Literaturwissenschaft/ Literaturdidaktik

A2: Hauptseminar Literaturdidaktik

A3: Hauptseminar Literaturwissenschaft (ggf. mit mediävistischer Ausrichtung)

A4: Übung Schreiben oder Übung Sprechen

Modul B: Kommunikation und Sprache im Deutschunterricht:

B1: Vorlesung Sprachwissenschaft/Sprachdidaktik zweisemestrig mit Teil 1 und 2

B2: Hauptseminar Sprachdidaktik

B3: Hauptseminar Sprachwissenschaft (ggf. mit sprachgeschichtlicher Ausrichtung)

PS1: Unterrichtsplanung und Umgang mit Heterogenität im Deutschunterricht: Vorlesung

PS2: Unterrichtsplanung und Umgang mit Heterogenität im Deutschunterricht:

  Begleitseminar zum Praxissemester

Folgende Veranstaltungen wurden im Zuge dieses Aufbaus belegt:

Modul A Textualität des Deutschunterrichts:

A1: Literatur und Medien im Deutschunterricht

A2: Literarisches Lernen - Literarische Kompetenzen

A3: Textanalyse als Aufgabe: Wolframs Parzival

A4: Prozessorientiertes Schreiben in der Schule

Modul B: Kommunikation und Sprache im Deutschunterricht:

B1: Teil 1 - Sprachreflexion im Deutschunterricht

  Teil 2 - Mündliche und schriftliche Kommunikation im Deutschunterricht

B2: Kooperatives Lernen im Grammatikunterricht

B3: Osmotische Werbung in den (Hyper-) Medien

PS1: Unterrichtsplanung und Umgang mit Heterogenität im Deutschunterricht: Vorlesung

PS2: Unterrichtsplanung und Umgang mit Heterogenität im Deutschunterricht:

  Begleitseminar zum Praxissemester